道友社文庫

出直しの教え

死の救い

橋本　武

DOYUSHA
BUNKO

道友社

はじめに

橋本武氏について、その名を知る人の多くは、「好著『おさしづを拝す』を著したおさしづの研究者」とのイメージを抱いているのではないでしょうか。実はそれにとどまらず、『おやがみさまのうた』をはじめとする作詞、信仰随筆、ラジオドラマの脚本など、さまざまなジャンルで健筆を揮《ふる》いました。

本書は、そのなかから信仰随筆を主にまとめたものです。

書名の『出直しの教え――死の救い』は、著者の入信の動機をつづった一篇「死の救い」に由来します。いまからおよそ百年前、大正時代末期に大流行したスペイン風邪（新型インフルエンザ）によって、著者は、父、弟、妹を亡くしました。あまりにもあっけない肉親の死に、人生への疑惑と死への懊悩《おうのう》に苦しむようになります。その後、残る母も病に倒れ、医師もなす術《すべ》のないところを奇跡的なご守護を頂き、橋本家は入信。しかし、当時の武氏に、心の底から信仰する気持ちはありませんでした。転機となったのは、ある夜、詰所で聴かされた「出直しの教え」でした。

詳しくは、この掌編をお読みください。他の随筆も、やむに已《や》まれぬ信仰への情熱から紡ぎ出された、著者の体温を感じるものばかりです。本書が、読者の勇みの種となれば幸いです。

令和三年二月

編　者

もくじ

II　心澄まして……49

III　息一すじ

Ⅰ　しんじつ神のてびき

死の救い

死の悲しみは深刻である。

それは最も親愛なる者――肉親の死を眼前にした者でなければ、味わい知れるものではない。わけても、幼くして、若くして、また、壮年にして死にゆく者を見るときは、人間の弱さ、人生のはかなさ、寂しさがひしひしと胸にこたえてくる。

私は幼少にして父を、弟妹を失い、死に対する激しい反抗と、どうにもならない運命観にとらわれ、人生への深い懊悩《おうのう》と疑惑に苦しんだ。死が悲しみであるならば所詮《しょせん》、人生からは永遠に悲しみは除去されず、人間は生まれながらにして死の悲しみを背負わされているではないか――私は常にこう思い詰め、誰か、この死の悲しみから救ってくれる者はあるまいかと、半ば絶望的な気持ちながら、密《ひそ》かに願い続けて、中学校生活を送っていたと言っていい。

その最中《さなか》に、母が九死に一生の不思議なたすけに浴して入信した。絶対に許されなかった汽車に乗って、東京から大和《やまと》へ、そして直ちに教校別科に入学して、求道生活に身を投じていった。

もちろん私も、母を取り巻く一人として、その奇跡的事実に驚いたものの、傲慢《ごうまん》な私の心はそのまま母に従おうとはしなかった。信仰はあくまでも個人の問題であり、私には私なりの理由があらねばならぬと、こんな強情を突っ張っていたものである。

しかるにまもなく、その私が母にも劣らぬ熱情をもって、この道に飛び込む決意の日が来たのである。

それは実に淡々たるひと言の話からであった。わずか、ひと言の話が、こんこんと尽きせぬ心の泉を掘り当ててくれたのだ。私は今日《こんにち》なお、三十年前のそのときの、当時は布留《ふる》にあった大江《おおえ》分教会信徒詰所の一室における、いまから言えば寮長を務めておられた空閑《くが》老先生の温かい話を覚えている。

「あんたは早《はよ》うから親御はんや、弟はん、妹はんに別れはったそうやが、お道ではな、人間が死ぬことは、『出直す』と言いますんやで。また新しい身上《みじょう》を借りて、生まれ替わってくることだんね。喜んであげなはれや」

そのときの私の胸が、亡き父、亡き弟妹を呼びながら、いかにおののいたことであろうか！　新しく生まれ替わるということが、いかに明るい希望を抱かせたであろうか！

そのことが、いかなる現実の姿を伴って現れいでるものか、その吟味もなし得ないままに、それでもそう信じるなかに、悲しみを踏み越えた新たな喜びさえ感じ得て、私はすぐにも反問した。

「死ぬことは悲しいことではないのですか？」

にっこり綻《ほころ》びた笑顔で、老先生の声が答えた。

「そうや、きょう日《び》はまだまだ死ぬことは悲しいことと皆思うてまっしゃろ。いまにおやさんの陽気ぐらしになってみなはれ、みんなで枕もとで酒盛りして、早う出直してきなされと言うて、送らしてもらいますんやで」

ああ、枕頭《ちんとう》の酒宴！　これまた、なんという素晴らしい情景であろう！

しかし、そのことはともかくとして、人それぞれに寿命を全《まっと》うさしてもらい、新たな生へ出直す喜びを死のなかに見いだすということは、確かに、人生最大の悲しみを、さらに大きな喜びに置き換え得ることではないか！

私は心がいずみ、暗くなると、そのときの空閑老先生の神々しいまでに明るかった顔を思い浮かべる。それは何の疑念も差しはさまず、親の言葉にただ一すじにもたれきった者の、不動、不惑の生き方を照らし出していたのである。

出直し——死の救い！

ここにこそ、人間永遠の救いがあると言えよう。

ここにこそ、「親が子となり子が親となる」人生の親しさ、懐かしさ、温かさが、こんこんと汲《く》めども尽きぬ泉となって湧《わ》き出てくるであろう。

この間も、あるところの座談会で、特に列席を申し込んできた教外の一青年が、やはりこの問題で質問してきた。私は素直に「心たすけの道」としてのこの道の信仰と、その最大なる救いとしての「出直し」の教理を、あたかも空閑老先生の淡々たる心境に身を置く思いをしながら取り次いだが、彼は初めて釈然としたと言い、

「天理教にも、そのような深い悟りの世界があるとは知らなかった」

と付け加えたのである。

まさに、深い悟りの世界である。死後の世界は恐らく誰しも体験するわけにはいかないが、悟りとしてこの「出直し」の教理を通し、乱るべき心を明るく治め得ることは、この道の者の大きな喜びであると信じている。事実、私にとっては、今日もなお燃えつつある心の灯《ともしび》なのである。

しんじつ神のてびき

話はもはや三十年前、大正十二年六月初めに遡《さかのぼ》る。

当時、私は既に父と弟妹とに死別し、母もまた、三年来の病気で入院しており、ただ一人この世に取り残されたように、東京高師附属中学校の四年生としてT先生の家に下宿していた。

生来、楽天的だった私だが、大正九年に父、十年に弟、十一年に妹と、次々肉親に死別した悲痛な体験は、文字通り性格を一変させ、私は人生への疑惑、死への反抗に悩みはじめた。

――どうせ死なねばならないこの世に、なぜ生まれてくるのか？

——何のために生きているのか？

——死がそれほど悲しいものなら、所詮《しょせん》、人生からは永遠に悲しみは消え失《う》せないではないか。それで何が人生の幸福と言えるのだろうか？

私は真剣に悩んだ。しかし、いくら考えてもどうにもなるものではない。いきおい、

——世の中なんて成るようにしか成らんものだ。同じ生きるなら面白く生きたほうが得じゃないか。

といった、半ば捨て鉢な、半ば悟りを開いたような傲慢《ごうまん》さで、私は一切を忘れることに努力した。

しかし、さすがに病母《びょうぼ》のことだけは気がかりだった。

この世に残された、ただ一人の肉親として、その回復を祈る気持ちは消えなかった。母は三年間に三度病院を替え、そのいずこでも絶望の刻

印を押されていたので、私はいつまたあの悲惨な死の影が、母をも包み込みはしまいかと、不安、焦燥の日々を送っていた。

母の病気は肋膜炎《ろくまく》から始まり、肺炎となり、さらに腹膜炎も加わっていたので、所詮救《たす》かる見込みはなく、いわば生ける屍《しかばね》同然だった。

私は週に一度、日曜日の午前中に面会を許されていた。母にとっても私にとっても、この週に一度の、それもせいぜい一時間そこその逢瀬《おうせ》が何よりの楽しみでもあり、また、これが最後かもしれぬという悲しみでもあった。ドアを閉めながら、振り返り見る母の眼《め》には、いつも涙が光っていた。

ところが、六月も半ばごろの日曜日のことだった。

いつものように母を病室に訪れた私は、そこに見馴《みな》れぬ一人の男の姿を見いだして、はっとした。同時に、いつもとは打って変わった母の生き生きした顔つきに、二度びっくりした。

母は私に、その人がYという天理教の先生で、四、五日前からいろいろとお話を聴くようになり、その都度、身体《からだ》中にぐんぐんと力が蘇《よみがえ》ってくることを話した。

私はそれまで宗教というもの、神というものについて考えたこともなかったので、母の言うことが理解できなかった。といって母が、その人の話によって神を信じはじめ、救いを求めようとしていることについては、取り立てて反感を抱かなかった。信仰はあくまで個人の問題で、端《はた》からどうすべきものではないと思いついたからである。

それよりも私の関心事は、果たして母の病状がどう変化してゆくであろうか、ただ、そのことにあったと言えよう。

次の日曜日、期待に胸を弾ませて母を訪れた私は、意外な様子を見せられて愕然《がくぜん》とした。私が傍《かたわ》らにかけると、母は黙って足をベッドから床の上に滑らせ、そのまま両手でベッドを押しながら、静かに立ち上がったのである。そして、ぽろぽろ涙をこぼしながら、

「これが神様のお姿よ」

と言った。

私は狐《きつね》につままれたように、しばし茫然《ぼうぜん》と母を眺めつつ、いったいどういうわけで、三年間も寝たっきりの、線香のように細った身体で立つことができたのであろうかと、自問せずにはいられなかった。その私に母は、いかにも感激に咽《むせ》びつつ、こんな話をしてくれた。

Y先生から神様のお話を聴くにつれて、「もしも本当に神様がおられるなら、この身をもう一度立ててください」と、母は一心に祈り続けていた。夫や子供たちを先立たしたことは、確かに自分があまりにもわが

ままで、立つべき家を踏み潰《つぶ》してきた理の現れであるとさんげしつつ、「再び立てましたら、一切を投げ出して、この道一条に通らせていただきます」と固く心に定めたのだった。

すると、三日前の風雨の強い晩のこと。いつしか眠りに落ちた母は、何か冷たいものが落ちてきて、顔が冷ややかに濡《ぬ》れるのを感じて眼を覚ました。と、どうしたことか、窓ガラスが開け放たれていて、そこから雨が吹き込んでいたのである。

絶対に開くわけのない窓が、いつの間に開いたのか……母はとっさに、——そうだ、神様が窓を閉めてみよ。

と仰せられているのだと悟った。自分の祈りを聴きとどけてくださったに違いない。そう思うと、もはや有難《ありがた》く嬉《うれ》しくて、全身に力が湧《わ》いてくるのを覚えた。一生懸命に神名を唱えながら、足を床に滑らし、両手をベッドに支えながら立とうと努力した。

不思議なことに、そのまま身体が、鶴の脚《あし》のように細くなった両脚に支えられて立った。一歩、一歩……。嬉し泣きに泣きながら、母は窓へたどりつき、一心に窓ガラスを閉めることができた。母はこの瞬間、はっきりと親神様のお働き、そのお姿を見たのだった。

それから半月、母は退院した。院長はじめ病院の人たちの驚嘆を背に浴びながら。

ただ一すじにY先生を頼った、母の不動の信念には頭が下がった。恐らく死体となって出るよりほかはあるまいと思われていたので、その退院は、母を知る人々の間では奇跡だと言われた。

本所《ほんじょ》の病院から新宿のY先生の三畳の布教の家へ。そこで半月を過ごした母は、同先生とともに大和《やまと》の教会本部にお礼参りをすることになった。

それはまるで自殺行為だと、知人たちから言われ、結局、天理教にだまされたのだとそしられたが、母の気持ちが変わるはずはない。私も都合よく夏休みに入っていたので、母に付き添って、初めて大和のおぢばに向かった。

といっても私自身は、これほどにも鮮やかな、文字通り奇跡的なご守護を頂いた母の姿を目のあたりにしながらも、これは母個人の問題と決めていた。確かに信仰の持つ偉大な力は、私にも分からないわけではなかったが、だからといって、自分までがこの信仰に入らねばならぬとは考えなかったのだ。

しかし、私なりに「なるほど」と胸に得心ゆくことがあれば、言い換えると、自分自身この手で親神様のお働き、お姿を摑《つか》み得たら、母に劣らず、この信仰に身を投じてもいいという気持ちは持っていた。

母も私の気持ちはよく分かってくれた。決して、信仰を強制しようともせず、

「いずれあなたも、親神様のお姿を見させていただくときがあるでしょう」

と、静かに言ったものだった。

そして、その日がついに私にも来た――。

母と二人で、当時布留《ふる》にあった大江《おおえ》分教会の詰所にいたが、ある晩、一人手持ち無沙汰《ぶさた》でいる私に、居合わせた空閑《くが》老先生が話しかけられた。

「あんたは早《はよ》うから、お父さんや弟さんたちと別れなさったそうやが、いまにあんたの子供さんになって、生まれ替わってきやはりまっせ。あんたにこう言っても、まだ分からんかもしれまへんけどな、この道では、

人間の魂は生き通しで、親が子となり子が親となってきますんや。だから、人間が死ぬことも、〝出直す〟と教えてくださってますね。悲しんでばかりいては、申し訳ないことだんね」

耳馴れない関西弁に、話の半分は分かり兼ねたが、死ぬことの意味が再び出直すということにあること、それは何かしら、ほのぼのとしたものを私の胸に充《み》たしてくれた。いままで拭《ぬぐ》い去れなかった心のもやもやが、一度に消え去ったように感じた。

もしも死ということが、従来の考え方とは違って、悲しいものではないとするなら、これほど素晴らしい発見はあり得ない。

「先生、死ぬことは悲しいことではないのですか？」

私は真剣に反問した。

「そうだすとも！」

その答えの、なんと明るく力強かったことか！

「もちろん、きょう日《び》は若死にしたり、早死にしたり、急死したり、悲しいことのほうが多いかもしれまへん。それでも、再び出直してくると思えば、有難いと思えまっしゃろ。いまにおやさんの言われた日が来れば、みんな、枕もとで酒盛りをして、喜んで送らせてもらえるようになりますんや」

私は茫然とした。否、驚きと嬉しさで胸がいっぱいになったというほうが適していただろう。

よしんば、今日なお死は悲しいものであるにせよ、それはやがて、めでたいことになると思うと、そこに私は死の救いを見いだしたのである。そして、いままで思い出すだに悲しかった父、弟妹の死が、いずれ、それぞれ生まれ替わってくるという、希望と喜びに置き換えられるように

なり、私は、

「俺は救われた！」

と叫ばずにはいられなかった。

私は空閑老先生の淡々たる一片の説明で、天理教の持つ永遠の救いを感じた。それが私の心の泉となるのを覚えた。あたかも、心の病が一時に救けられた思いに浸ったのである。

そして、空閑老先生の、

「いまにな、あんたも神さんのお働きを見せてもらえまっしゃろ。どんな小さいことでも、よう気をつけて通りなされや」

という言葉が、それからの私の胸に刻みつけられたのである。

そして……。

母を詰所に残した私は、残りの夏休みを、母の郷里・佐賀市の叔母の家で過ごした。八月三十一日の朝、いよいよ東京に出発しようとしたところ、どうしたものか右足の親指がものすごく痛みはじめて、歩くことさえ難しい。別にケガもせず、打った覚えもない親指の突然な痛み、まことに奇怪千万と言うよりほかはなく、叔母たちも、

「それほど痛むなら、無理に帰らんでもよかろう」

と引き止めたので、私もその気になり、下宿先のT先生のところへは、病気のためしばらく遅れると打電した。

ところがどうだろう！

明くれば九月一日、その午後、足の痛みを気にしていた私は、街頭に喧《やかま》しい号外売りの鈴の音と呼び声を耳にした。早速、手にした号外には、思いもよらぬ関東大震災が報道され、東京市はほとんど全滅、なおも猛火に覆われているとあった。

「ほうら、行かんでよかったろうが！」

叔母たちも驚きながら、私のために喜んでくれた。確かに足指の痛みがなかったら、私はあたかも火の中に飛び込む虫のように、自ら大震災のただ中に身を投じていたであろう。

それにもまして、私には、ようこそ母が東京を離れてくれたものと、嬉しく、有難かった。号外紙上に見る火災地区の地図の中には、明らかにT病院の所在地も含まれていたからである。もしも母がY先生の、否、親神様のお手引きを頂かなかったら、震災と火災の二重禍に、その骨さえ拾えなかったに違いない！　まこと、母子ともに、未曽有《みぞう》の大震災から救けていただいたのだった。

私は東京帰りの代わりに、佐賀を発《た》つと、大和のおぢばに急行した。果たして、母は私を見るなり、

「ああ、よかった!」

と、その場に泣き崩れた。

母は母で、てっきり私が東京に帰ったものと思い込んでいたのだ。私の足指の痛みも、号外を見て驚いた瞬間から、嘘《うそ》のように消えていたことも申し添えねばなるまい。

その日、母とともに本部の夕づとめに参拝し、馴れぬ手振りでおつとめをしながら、私はただ、泣けて泣けて仕方がなかった。


思えば三昔前の、私が十七歳のときのこと。

今日、三男二女をお与えいただいているが、それぞれ亡き父母、亡き弟妹を思わせる性格、俤《おもかげ》を持っていることは、私にとっては嬉しくも有難いことである。

ぢばを踏む

おぢばをひと通り巡ってあらゆる施設を見回ると、誰でも快い疲労を覚えるだろう。道程《みちのり》がそれほどにも遠いというわけでもなし、といってそれほど急峻《きゅうしゅん》な坂道があるでもなし、坦々《たんたん》として延びる道に漫歩を運びながらも、ただ、言い知れぬ快い疲労が甘く感ぜられるという。

なぜ――これをくだらない言葉で説明しようとし、また、してもらおうと努力するのは愚の骨頂だ。それよりも死ぬまでに一度、自分の足で「おぢば」の土を踏みながら、ゆっくりと見て回ったらいいでしょう――つれない言葉かもしれないが、こう言いたい気持ちがする。

だから私は、はるばる（もう、この言葉も過去に属しているだろうか）東京から私を訪ねてきてくれた中学時代の親友Kに「お道」のくどい説明をする代わりに、黙って連れ立って、ひと通りおぢばを――その土を自分たちの足で踏みしめながら見回ったのだった。

桜にはまだ少し早い三月末のおぢばの空は、それでも美しく霞《かす》んで、春光にきらめく神殿、教祖殿の甍《いらか》が、詰所の白壁が、そして道行くハッピ姿が……ここ数年、住み馴《な》れた私自身の心にも、かつて感じたこともなかったほどの、平和な救われた者のみぞ知る、軽い明るい微笑《ほほえ》みを感ぜしめたのであった。

「僕は初めてここへ来て、いまさらのように盛大なことに驚いたんだが、同時に、自分の職業柄かしれないが、これだけのところに衛生設備が見えないのは、いささか了解に苦しんでいる」

「衛生設備って――病院のことかい？」

「そうだ、この街を通って小さい私立病院が二つ眼《め》についたけど、あれじゃ十分だとは思えないし不行き届きだよ。どうして本部あたりで堂々たるものを建てて一般社会に貢献しないかね。そうしたら、伝道のうえにも相当効果的だと思うけど……」

「うん、君の説はもっともだと思うね。さっき見た教校に、半年ごとに二千三千という人間が動くし、それ以外に、ここへ集まる者も相当な数だから、しかも、その何割かが病人だとすれば、そこに施療所があってほしいところだと思う。だけど、それがない。否、むしろ不必要だとしてみれば、それに代わるものがここに存在するということになりはしないかかい？」

「というと、つまり……」

Kはいぶかしげな眼差《まなざ》しで私を見つめた。現在、東大医学部の助手として働いている若い医科学者としての彼の職業的な意識が、批判が、私の言葉のなかから鋭い反響を受けたかのように……。けれども私は、ただ、私に会いにおぢばの土を踏み、初めて「天理教」の存在を知った自分の感じを率直に言ってくれた彼の気持ちが嬉《うれ》しかった。

「つまり、信仰であらゆる病気が治ると言うのだね。医薬の力ってものが、ここじゃ全然不要だと言うのかい?」

「ひと口に言ってしまうと、そうなるかもしれない」

私は言葉に窮《きゅう》した自分が、寂しく哀れに思われた。私の心は、この全然白紙であり科学者であるKの心に、いささかの誤解をはさませずに、どう説明したらよいかを考えねばならなかったのだ。

「だけど……病気が治るということは信仰の目的じゃないのだよ。病気を治すのが信仰の目的だったら、天理教は今日の姿はなかっただろうと思う。信仰して病気が治ったとしても、それは信仰の結果としての現象なのさ」

「結果だという意味は――？」

「この説明は根本的な教理に触れるので、僕などじゃこなせない問題だけど、簡単に言えば、信仰の目的は『心の更生』にあると言えようかね。『心の更生』ということも大きな問題だけど、創造主である神に対して、その子としての人間である自分を、はっきり自覚することだと言えよう。殊に、人間の肉体は創造主である神の所有物であり、心だけが自由に働くものであるとされているが、この貸借関係を自覚すれば、自分の心遣いというものがはっきりしてくるわけで、あらゆる苦難、艱困《かんこん》はすべて、その間の間違った心遣いの堆積《たいせき》によるものであると分かるわけなのだ」

「肉体と心との関係はちょっとには分からないけど、病気の原因《もと》が、とにかく良くない心を使ったからだという気持ちは分かる。それはモーゼの十戒みたいなものがあって、それに反する心や行為があれば、それが直ちに身に現れて、病気なり災難なりになるというわけなんだね」

「そうだね。天理教では、それを八つのほこりと言って、八つの心遣いが挙げられてあるわけなんだ」

私は、なんだか自分自身が救われたような気持ちがした。自分でも分からないようなことを言っている代わりに、Kがごく平易な解釈によって、むしろ私に教えてでもいるように言ったからだった。お道の教理は、難しい理論的な説明よりも実践だ――と日ごろ偉そうに言っていながら、どれだけの実践を経てきた自分なのだろうか……私はKを通じて、あらゆる人々に恥ずかしい気持ちでいっぱいにされた。

「八つのほこりがどんなものだか、聞いてもこちとらには分からないけど、とにかく僕たちにはそうした気持ちが分かるだけだね。病気がどんどん治るということになれば、さしあたり商売仇《がたき》じゃないか、ハハハハハ」

「―――――」

朗らかなKの笑いが、うつろにされたような私の魂に激しく反響した。商売仇――妙にかたくなな流れが、ふと不用意に洩《も》らしたであろうKの言葉から、私の頭脳に入り込んだ。そして信仰の目的と結果――結果としての病気は全治するときもあれば、また、ついに死に至るときもあることを、誰かはっきり説明してくれる人がいないものかと、胸をえぐられるような懊悩《なやみ》を、私はしばらく感じていた。

しかし、この懊悩も結局、おぢばを――その土を自分の足で踏みながら回るのと、写真で説明されるのとの間の懊悩にすぎはしないだろうか。Kと連れ立って、自分たちの足でおぢばの土を踏みつけて歩いたように、私はいつかKとともに、信仰の土を踏みしめて見回るときが、一日も早からんことを願うようになった。そして初めて、私は自分の懊悩から救われた。

色眼鏡

「色眼鏡」という言葉は日常よく聞く言葉であるが、およそ不愉快きわまるものに思っている。

たとえば、「色眼鏡で見る」ということは、そのなかでも一番よく使用されるパーセントが多いだろうけれども、色眼鏡で見られる者こそ不愉快だし、といって、見るほうも、あまりいい気持ちのものではなかろうと思う。

とにかく、色眼鏡をかけると、おとなしい眼《め》つきの人でも陰険に見えるのは確かだ。

この間、入信間もない友達が、私に次のように言った。

「先日、教会へお参りに行ったときだったが、ちょうど右の眼を赤く腫《は》らしていたんだけど、そこをとっ捕《つか》まって、『あなたは色情のほこりを積んでいるでしょう』って言われたのには面食《く》らったし、いささか憤慨したよ。それが、とてもしつこいのだ。いろんなことを持ち出してきて、根掘り葉掘りして、嘘《うそ》でもこっちがその通りですって言わなきゃ承知できない勢いを示されたんだが、それからというもの、俺を色眼鏡で見るんで不愉快でたまらない」

私はそのとき、ぎくっとした。なぜなら私自身も、そうした経験がないではなかったからだ。そこでよっぽど、

「そりゃ、君の歪《ゆが》んだ心遣いだと思うがね。君さえ心にやましくなけりゃ、そう人の眼の色を気にする必要もないと思うよ。まるで脱獄者みた

いなことを言うね」

と言ってやろうと思ったが、

「そうかね、何も右の眼が腫れたからって、そう断定するに及ばないと思うけど、ある人にはその定義が当てはまる場合もあるかもしれない。しかし、そう気にして自分の信仰まで歪めることはよくないぜ」

と軽く答えたものだった。

が、私自身としては、どうも腹の虫が治まらないものがあった。

それは、本当に教会にいるような人が、来る人ごとに、

「この人は色情のいんねんを積んでやしないか、腹立ちのほこりを積んでこなかったか」

等々、既に頭に用意して対面されるようなことがありはしないだろうかということだった。

もしも、そうした心構えで人に接するならば、恐らくその人の眼は、あるいは色づいて輝いているかもしれないだろう。

しかし、私は自分の経験から、ともすると初めのうちは、自分のためにいろいろ諭し、かつ転ばぬ先の杖《つえ》として注意されることが、案外こちらの癪《しゃく》に障《さわ》ることがあることをよく知っている。こちらが若ければ若いだけ、その反動的感情も大きいわけであるが、私は彼の場合も、恐らくそうでなかっただろうかと思い直した。

事実、教会は決して警察でもなければ、教会の人は警官でもない。まして教会にいて、人々にいんねんを諭し、理を仕込む人は刑事でもない。ただ、その間の些少《さしょう》な言葉の響きが、入信間もなく動揺しやすい若い者の心には、意外な影響を及ぼすのではなかろうかと思った。

たとえば「さんげ」についても、「さんげしろ」と言うのと、「さんげ」せずにはいなくさせるのと、感情的に大きな相違がある。心の更生、立て替えのためには、「さんげ」は根本問題であるけれども、その方法によっては、心の立て替えどころの騒ぎでなくなる場合もあろう。

私は、その辺のことまで、どうこう言えた柄ではないけれども、信者の育て方については、お互い十分考えねばならないことではなかろうかと、友達の言葉から教えられたのだ。

「長年、ああして人のあらばかり見ていると、自然、ああした見方になるだろうか」

私は彼がこうまで言いきったのには、いささか感情を害したが、喧嘩《けんか》すべき筋合いのことでもないので、

「そう言ったものじゃないよ。君も少し見方を変えたらいいと思うがね。物事は、悪く取ればどこまでも悪く取れるんだから。第一、われわれの

信仰は人間相手のものじゃないことを、いつでも想起しなくちゃいけない。教会にお参りしても、人間に参るからそうなるんだよ。神様を相手にしての話なら、何を言われても不足はないはずだろう。そこさ、つまり、神様の代弁を務めるのが教会の人だと思えるようにならなくちゃならないよ」

と言った。

「そうかね」

彼が軽く、しかし快く微笑《ほほえ》むのを私は見た。

元一日の心

このたび、ふとした機会に恵まれて、相州《そうしゅう》鎌倉に立ち寄った。久しぶりに踏んだ鎌倉の土地で、私は自分の少年時代の回想に、しばし我《われ》を忘れていた。

いまは大東京の避暑、避寒地として昔の俤《おもかげ》もなくされたほど繁華な巷《ちまた》と化した街の風景は、私に長い時の流れを感じさせたが、由比ヶ浜辺《ゆいがはまべ》に立って眺める伊豆大島の姿、三原山の噴煙、三浦半島のなだらかな曲線――恐らく永遠に変わらぬであろう自然の姿に、言い知れぬ懐かしさと同時に、人の世のはかなさを感じずにはいられなかった。

鎌倉に住んでいたのは、わずかに三年であったが、その間、私の父が妻と四人の子供を残して永眠した。人生最大の悲しみのなかに泣きながら、土地の小学校を卒業した。同時に母が病身となり、再び東京へ出たときには、相次いで弟妹が死んでいった。

それまでわがままに育てられた私の心は、ただ何も分からずに、自分にのみ課せられたような残虐《ざんぎゃく》な運命を呪《のろ》い、神も仏もないものと思っていた。

そこに道の光がさしてきたのだった。母の頂いたご守護が、私の少年《おさな》心《ごころ》に大きなショックを与えた。初めて聞かされた家のいんねんと母の通り違いに、私は「そんなことがあっていいものだろうか」と思ったほど、驚かされてしまったのだった。

それから入信……。

由比ヶ浜の砂に身を埋《うず》めて、私は止めどなく過去からの呼び声を聞いた。初めて親神様——淀橋の、ある家のわずか三畳の間に祀《まつ》られた親神様の前に跪《ひざまず》いて、そのとき自分は、なんと誓ったろうか？　いまここに、それを書こうとは思わない。また書かずとも、皆様はすぐに分かってくださるだろう。それはかつて皆様が、初めて親神様の前に跪かれ、誓われたことと、寸分の違いもないのであろうから——。

ああ、「元一日の心」——ともすると忘れがちだった元一日の心を、私は波の音のなかに思い出したのだ。そして、現在の自分の高慢にされた心遣い、日々の気まま勝手な生活に唾棄《だき》しても、なお飽き足らぬものがあることも感じたのだった。神様に馴《な》れっこになり、親の情けに溺《おぼ》れ、兄弟姉妹の心情におごったあさましい姿を、私は自分自身のうちに見たように思って身震いした。

生物の生活に必要な太陽の光も熱も、また空気も水も、それがあまりにも容易に得られるために、その有難《ありがた》さ、尊さが忘れられようとする。同様に、神様のご恩も、親の恩も、兄弟姉妹の恩も、それが絶えず注がれていればこそ、さほどにも感じないようになる。そして誰も、

「もしも、それが無くなったら」

そのときのことを考えようともしない。

こうして私は、自分の回想から、いろいろなことを考えていた。

人間は過去のことにあまりこだわっては、将来の進展上よろしくないかもしれない。しかし、時々の回想と、それに伴うであろう反省は、むしろ将来の道しるべとして大切ではなかろうか——。現に私自身は、過去の回想によって「元一日の心」を再びこの胸に生かし、おごれる自分を大いに戒《いまし》むるところがあったのだ。

事実、私は、由比ヶ浜の砂の上で自分の身をつねってみた。が、痛みがあまり感じられなかったのだ。なぜに――それはここに再び繰り返すべきでもないだろう。

とにかく私は、「元一日の心」をはっきり取り戻し得たことに対して、自分がふらふらと鎌倉へ立ち寄ったことが、決して無意義でなかったと感謝し、お互いに、いつまでもその心を持《じ》していきたいと、皆様に呼びかけたい。

II　心澄まして

重大なる訂正

数年ぶりで知人を訪問するということは、お互いに限りなく嬉《うれ》しいものである。一別以来、お互いの出来事を物語り、あるいは過去からの呼び声に談笑し合ううちに、お互いが達者で暮らさしていただいていることの有難《ありがた》さと幸福とを、しみじみ感じるものである。

私は過日、上京したついでに、数年ぶりで知人H氏を訪問したが、一層この感激が深く心に刻まれた。そして図らずも、H氏一家が既に本教信仰によって更生し、日々を結構に過ごしているのを目のあたりにしたとき、小さいながらも神床が祀《まつ》られているのを見たとき、私の喜びは、二倍にも三倍にもされたのであった。親しき人々が同じ信仰に生きている……なんという明朗な風景であろうか。

私は――天涯の孤児《みなしご》としての数年を過ごしてきた私は、再び「わが家」を得たもののごとく小躍《こおど》りして喜んだのだった。

「そりゃ、結構ですね。失礼ですが、ご入信の動機は？」

とうとう訊《き》きたいことを訊いてしまった。

どうせ訊かれることだと、心構えしていたらしいH夫人も、さすがにその場になってみると戸惑ったか、しばらく側《そば》に立たせた坊ちゃんを見つめていた。

私はそこでH氏一家の入信の動機が「家族の身上《みじょう》」に属すべきものであることを発見した。そして、自分の想定通りの入信の動機について、

H夫人の話を耳にした。そのとき、私の心をぴんと刺したように緊張せしめたのは、H夫人の最後のひと言であった。

「というわけなんですよ。私、ほんとに恐ろしくなりましてねえ」

こう自分の話のくくりをつけた夫人の面《おもて》には、あたかも脅迫された者が、その恐ろしさに震えているかのような、おどおどしさが見えた。

私はその次に、きっぱり言い放った。

「じゃあ、神様が恐ろしくなって入信なさいましたか?」

「恐ろしいって……」

反問した夫人も、いささか慌てていた。

「そりゃ、ご守護を頂いたのですから有難いのですけど、何もかも、いんねん、いんねんって頭から言われ、こうすればお叱《しか》りを受けるの、こうすればお手入れを頂くのと、いちいち言われたのには、私はあとからずいぶん恐ろしいとも思いました。右向いても左向いても神様に叱られやしないか、お手入れを頂きやしないかって考え詰めると、何も手がつかないじゃありませんか」

「なるほど……そうですか」

ここで、ようやく夫人の気持ちがはっきりしたように思った。そして私は、ここにまた、未信者に対して、いかに注意を払わねばならないかという根本問題にも想到した。すなわち、神は恐るべきものか、有難きものか、ということである。

私は、これくらい明らかなことはないと思うと同時に、また、これくらい大きな根本的誤謬《ごびゅう》もないと思っている。私はまだ子供を持っていないが、よく母親たちが、子供たちに向かって「そんなことをすると、神様がお叱りになりますよ」とか、「神様が罰を下さいますよ」と、ごく簡単に言い放っているのを耳にするが、既にそれらの不注意な言辞を弄《ろう》することにおいて、子弟教養の第一歩は誤られていやしないだろうかと思うのである。

「身上事情は道の花」といわれる通り、神様のお叱りは、お「叱り」ではないことは誰も知り抜いている。その神様を恐るべきものとし、いささかなりとも恐れしむるがごときは、既に信仰生活の根本を踏み外しているものと言えるだろう。

神様はお慈悲であり、有難いのである。

決して恐ろしい方ではない。

この簡単なことが、ともすると「長年、道を通った」人々の間にさえ、はき違えられていやしないかと思う。そのために信仰生活に覇気がなく、優柔不断であり、新しく伸びていこうとする力に乏しいところが見られるのではないかとも思う――もしも、そういうところがあるとすればだ。とにかく――私はH夫人の言葉からいろんなことを妄想《もうそう》した。私の神経系が暑気あたりで不規則変化を起こしていたかもしれない。ずいぶん偉そうな口を叩《たた》いて、後から冷や汗をびっしょりかいたことも、併せてここにさんげさせていただこう。

しかし、私はここに、自分の思い出のなかから強く言わせていただくことがある。

断っておくが、このことを言わんがために、この稿を起こしたのではない。また、私は自分のことをとかく言わんがために、ここへ思い出したのでもない。

「神は有難きものであって、決して恐ろしきものではない」ということを教えていただいた喜びを、諸兄姉に分かちたいと思うからだ。

一昨年の冬だと思う。

伝道資料叢書《そうしょ》の編集をお手伝いさせていただいているときであった。第一輯《しゅう》『神の手引』の原稿がそろったので、管長様（真柱様《しんばしら》）のご検閲をお願いした。その結果、私は重大なる訂正を仰せつかったのである。

重大なる訂正とは何？――ただ、左の文中「神威」の二字を「神徳」と訂正するだけであった。

「三日三夜《みっかみよさ》のお願ひをして頂きたるに、さしもの難病も立ち所に霊救に浴し、こゝに神威の偉《い》なるに動かされ入信するに至った」

なぜ「神威」の二字を「神徳」と訂正せねばならなかったか？——そのとき、管長様が次のように仰せになったと記憶している。

「『神威』という文字は不適当だと思う。『威』という字は恐れるという意味があるから。何も神の威光に恐れて入信する者はないはずだ。神は恐るべきものではない。有難いからこそ、入信するのだと思う」

私は言葉がなかった。そのときの言い知れぬ感激を、いまでもはっきりと思い出す。実に、私自身がこの信仰の根本問題を解決していただいて、救い出された喜びを感じたのだった。

字句の訂正としては、あまりに小さい訂正であったが、それは最も重大なる訂正であったことを、諸兄姉もうなずかれるであろう。

あらゆる身上、事情から起こる不足心も、この訂正によって解消され、

「病《や》むうちにたんのう」の理が、なるほどと治まるだろう。

それから、私も初めて、お障《さわ》りを頂いて、有難いという気持ちになれるようになったのだ。

私は書きながら、自分独りで興奮したらしい。

賢明なる諸兄姉の前に、はなはだお恥ずかしい次第であるけれども、よろしくご教示くださるようお願いしたい。

事実、教理を説き、いんねんを諭すことは、信仰生活の真髄であるけれども、その結果、「神威」に打たしめて信者の心を萎縮《いしゅく》せしめることは、「陽気ぐらし」の理想に対してどういうものであろうか、一考を要しやしないかと、私一人は愚考している。

とまれ、私をして真面目に思索させてくれたH夫人に対して、心から感謝している。

生活と信仰

信仰の生活化――自ら選択したテーマであったが、いざ面と向き合ってみると、妙に腑《ふ》に落ちないものが感じられた。いったい「生活化」ということはどういうことか？　そのものを生活のなかに取り入れることか？　または、生活そのものたらしめることか？　ともかく、生活以外のものを対象としているようにしか思われない。つまり、信仰というものは、人間生活の埒外《らちがい》にあるものとして考えられているのか、と言いたくなったのである。

とまれ、こんな七面倒《しちめんどう》臭い理屈は抜きにして、この問題はわれわれの日常に直結して考えるべきであろう。言い換えると、何のために信仰しているか、ということになる。

まさか、生活のアクセサリーとしてではあるまい。誰しもこの一生が人間として最良なものたらしめたく信仰しているのだ。でなければ、信仰の価値も意義もない。とするなら、信仰はまさに人間生活から遊離してはあり得べくもなく、むしろその基盤をなすものでなければならなくなる。

「一日生涯」と教えられたように、われわれがいかほど長く生きようとも、自ら体験し得る生活は今日一日でしかない。今日一日を最良なものたらしめるためにこそ、信仰の基盤を必要とする。なぜなら一日わずか二十四時間の間においてでさえ、われわれは喜怒哀楽の諸相を見ること、いや、自ら体験することができるからであり、しかもそれらは、それぞれ心一つの理によって映し出された自らの姿であると教えられているからである。

もしも悲しむべき事柄のなかに、なお喜び得るものが見いだされるなら、人間生活はより明るく、より幸福に輝くに違いない。この喜びこそ、信仰の基盤に立って初めて見いだされる。

たとえば、われわれの日常生活を常に暗くし、かつ、脅威するものは病気である。その病気のなかには、どこを探しても喜び得るものは爪の垢《あか》ほどもなかった。しかし、この信仰を得ることによって

身の内の障《さわ》り、痛み悩みは神の手引《てびき》とも諭したる。さあ〳〵楽しめ〳〵。

（明治28年3月18日）

とお導きいただき、病気それ自体からくる痛さ、苦しさ、悲しさはあっても、その陰には親神様の深遠なる「子供たすけたい一条」の親心を見いだし、病む喜びさえ感じ得るに至ったのだ。

すなわち、どんな病気になろうとも、少しも慌てず騒がず、泰然としたなかに、いかなるお手引きであるかを静かに思案することができる。さらに進んで、この身に何の不足も障りもないことがいかに有難《ありがた》く、いかに幸福なことであるかに思い至ってくる。

この基盤は言うまでもなく、

人間身の内神のかしもの・かりもの、

（明治22年3月3日　補遺）

という教えにあるが、これが治まってこそ、今日一日生かされてある喜びが湧《わ》いてき、朝、眼《め》を覚ますことから、夜、眠りに就くまで、さらに翌朝再び眼が覚めるまで、喜びと感謝の連続であることに気がつくのである。

この理合いさえ治まれば、成ってくるいかなる理も喜ばせてもらえる。いままで人と喧嘩《けんか》した場合も、笑い合えるようになろうし、何事に際しても、互いに礼を言い合う心境に身を置くことができる。もしも、各人の心がこのように治まるなら、人間生活はいかに幸福に、世界はまた、いかに平和になるであろうか！　この時こそ、

月日にわにんけんはじめかけたのわ
よふきゆさんがみたいゆへから
（十四号　25）

と筆先にお誌《しる》しくだされた親神様の思惑も実現されるであろう。

このような日々を生活し、また、人々も生活させてゆくことが、「信仰の生活化」と言えるのではないか。信仰生活とは、決して唯我独尊の生活ではなく、人とともに楽しみ合う生活でなければならない。

心澄まして

この道は「心だすけの道」とも教えられている。ところで、心がたすかるとはどういうことであろうか？　未熟な私はいつもこう自問しながら、その解答がどこかにあるに違いないと、いたずらに心の闇路をさまよっていた。そんなとき、ある先輩から、

「そんなこと人間の知恵で解決できるものか！　そんな暇があったら、みかぐらうたを唱えさせてもらうんだ」

と、一喝された。

なるほど、教祖《おやさま》はみかぐらうたのなかに、親神の自由《じゅうよう》の理と、それに

添う人間の成人を、明るく容易に、しかもできる限り具体的に示されて、人間一名一人の心を陽気ぐらしへとお導きくだされている。

私はようやく、次のおうたを座右の銘とさせていただくようになった。

よくにきりないどろみづや
こゝろすみきれごくらくや
（十下り目　4）

易々《いい》坦々として明々快々！　なんとはっきりした相対的なお諭しであろうか！　ごくらくとは、たすかった境地を、誰にも分かりやすく、昔から馴染《なじ》んできた言葉をもって示されたものに違いない。言うなれば、陽気ぐらしの姿である。すなわち、心がたすかるということは心が澄むことと、水にたとえてのお諭しだが、私自身、自らを顧みて、日々濁りがちな自分の心を持て余しているのである。

どうしたら心は澄むであろうか？

これこそ自分自身の大きな課題として、その解決のために、なんとか端的に、具体的にお示しくだされた節はなかろうかと、常々心にかかっていたものだったが、ふと、何げなく開いたおさしづのページの中に、次のお言葉を見いだして身震いしたのだった。

人が何事言うても腹が立たぬ。それが心の澄んだんや。

（明治20年3月22日）

——ううむ、これだ！

私は思わず快哉《かいさい》を叫び、一時に晴れ晴れした気持ちになっていた。否、救われたと言ったほうがよいかもしれない。なぜなら、最近ともすると腹立たしい思いに駆られるときが多くなっていたからである。

どうも人間は身辺に人を多く持つようになると、この「はらだち」の心遣いに追い立てられがちのようである。そしては自らの心を曇らせ、物事の正しい姿を曲視し、曲解して、自ら闇路に踏み迷うものらしい。

これではまことに申し訳ないと、自ら反省しつつ、

「こゝろすみきれごくらくや」

と唱えさせてもらっている。そして初めて、いまさらながらに、次のおうたが身に沁《し》みるのを覚えている。

ひとがなにごといはうとも
かみがみているきをしずめ
（四下り目　1）

ふたりのこゝろをさめいよ
なにかのことをもあらはれる
（四下り目　2）

人間生活の基盤が夫婦の和にあることは言うまでもない。その夫婦の和も、お互いの心が澄んでこそ初めて確保される。眼《め》に見、耳に聞く、いかなることにも、共に腹を立てぬようになれてこそ本物なのである。そこに初めて、自由の理をお示しくださるものと拝察できるのだ。

自由自在心《じうよじざい》にある。
（明治21年1月8日）

これまた、なんと有難《ありがた》いお言葉であろう！
さあ、お互いに心澄まして進もうではないか！

不精ひげ

人から頭をなでられることは、むろん例外はあるにしても、あまりいい気持ちのものではない。ただ、床屋でカミソリをあてられることだけが、私にとっては例外で、この場合は、いつの間にか前後不覚に陥《おちい》ってしまう。

その日も例のごとく、いい気持ちになっていたらしい。大きな揺さぶりを受けて我《われ》に返った私は、正面に映った自分自身の顔を眺めながら、ふうっと大きく息を吐いたものだった。そして、その途端に、

「大将、見違えるようになりましたよ。時には皮具《かわぐ》の手入れをしてもら

うんですねえ」

と傍《かたわ》らから言われて、ううんと内心うなってしまった。

「なるほどね、皮具の手入れか……」

強いて笑って見せたものの、我ながら自分の笑顔を寂しく見守った。

いかにも逞《たくま》しい兵隊だったことを思わせる若い職人は、独り悦に入ったように、

「保革油をしっかり塗っときましたぜ。しかしまあ、一日おきにはあたってくださいよ。当世流行のエチケットですからね」

と付け加えた。


舗道を歩く私の心は、あたかも素晴らしい拾い物をしたときのように弾んでいた。確かに兵隊時代には、もはや二昔も前のことなのだが、皮

具の手入れが悪いといって、ずいぶんと気合を入れられたものだったし、また入れたものであった。自分では十分手入れをしたつもりでいても、針先でつつかれてみると、なるほど、いつ付着したか気もつかなかった埃《ほこり》が、白々しく現れてきた。それは確かに、動かしがたい不精の証拠にほかならなかった。

私は遠い過去を呼び起こしながら歩いていたが、ふと親神様の「てびき」「ていれ」に結びついてゆくのを、我ながら微笑《ほほえ》ましく思った。顔に不精ひげが生えるように、心がいずみ、歪《ゆが》みきったときには、いつの間にか、ほこりという不精ひげが生えているのではないか。その心遣いは、傍目《はため》にも不快なひげ面に似てはいないだろうか……。

「時には皮具の手入れをしてもらうんですね」

という威勢のいい声が、私の耳に何度も聞こえてきた。確かに、時には手入れが必要なのだ。顔の不精ひげが床屋で削られるように、心の不精ひげも、どこかで綺麗《きれい》さっぱり削り落とされねばなるまい。

道々、笑いが止まらなかった。ずいぶん間の抜けた格好だったに違いない。行き交う人々が、くすっと失笑する姿を見ながらも、私はとんと、そのことに気づかなかった。

むしろ意気揚々として、この巷《ちまた》の教理をどう説明しようかと考えを巡らしていた。なぜなら、その日の午後、教典後篇の講義をせねばならない矢先であったから——。

片言の縁

「眼《め》は口ほどにものを言い」

という川柳があるが、ましてや片言《かたこと》によってお互いの意思が通じ合うことは、たまらなく嬉《うれ》しいことである。もちろん、この場合が外国人との間柄であることは言うまでもない。

かつて、大阪から近鉄電車での帰途、大和西大寺《やまとさいだいじ》駅に近づいて乗り換えを急ぐ人々と一緒に腰を上げ、ドアの傍《かたわ》らに立っていた一人のアメリカＧＩ（アメリカ兵）が、車内の騒々しさに慌て気味で、

「ナラ？　ナラ？」

と、誰とはなしに尋ねるのを見た。

隣に立っていた勤め人風の男が、とっさのことで口を利く代わりに、その首を横に振って見せたが、それでもなお得心がゆかぬと見え、しきりに外を眺めている様子に、私は何かしら気の毒になって、思わず、

「ジ　エンド　オブ　ザ　ライン、ナラ」

と、単語を並べ立てた。途端にくるりと振り向いた彼は、大きく眼を開き、

「オー、アイシー、サンキュー」

と大きな声で答えた。その声があまりに大きかったので、私はかえって面食《く》らい、倉皇《そうこう》としてドアが開くが早いか、車外へ飛び出してしまった。

その私の瞼《まぶた》には、彼の安堵《あんど》した明るい顔が、いつまでも消えなかったものである。

大体、終点という日本語、「ジ　エンド　オブ　ザ　ライン」ということは、学校で習った覚えはないが、また自分で翻訳したものではさらにない。言うならば、聞き覚えの片言に過ぎなかった。それも二年ほど前、天理駅まで来たGIの一人が、

「ヘイ、ジ　エンド　オブ　ザ　ライン」

と言いながら降り立ったのを眼の前にして、

「なるほど、終点とはああ言うのか」

と、その平易な表現に感心したことがあったのである。何のことはない、そのときの聞き覚えの片言が役に立ったわけである。

しかし、ただ一片の言葉が、これほどにも一人の外国人に、安堵《あんど》と喜びと感謝の念を与え得るものかと思い直してみて、私は何かしら、人間の心を結ぶ縁の糸が、お互いが気づかないままに結び合わされているよ

うに思えてならなかった。

それは言うまでもなく、一れつきょうだいという真理、真実である。

もはや三十年前、大学を創立する代わりに、外国語学校を創設された神意の尊さを、今日の時旬にしみじみ味わうべきであろう。

やまとばかりやないほどに
くに〳〵までへもたすけゆく
（五下り目　8）

永遠の生命

また、落葉のころになった。

その昔、

桐一葉《きりひとは》落ちて天下の秋を知る

と、大いなる時勢の転換を慨嘆《がいたん》した勇将があったというが、一市井《しせい》人の私には、それほどの感懐は起きそうもない。それでも人並みに、風もないのにはらはらと、音も立てず枝を離れて落ちる葉を見つけると、何か悠遠《ゆうえん》に通ずるさびとでも言いたいものは感じられる。それに——

しっとり黒ずんだ茶褐色。

重量感を思わせる膨らみ。

不健康ではあるけれども渋い匂い……。

庭の片隅でも、林の道でも、ずっしり敷き詰めた落葉を踏みしめることは楽しい。足の裏に軽く弾む柔軟な感触に誘われて、どこまでも歩き続けたくなるのは私一人であろうか。

ましてや落葉の下《しとね》に、漂泊の身を横たえ、降る星空を仰ぎ詩情を胸に燃やすとき、人生の静寂な幸福を思うのは私一人かもしれない。

静寂――確かに静寂。

しかしそれは決して安易な諦観《ていかん》でもなければ、自己慰撫《いぶ》でもない。生命の限りを捧《ささ》げ尽くして、自然の懐《ふところ》に帰った安らかな静けさである。そこから新たなる生命の息吹が、やがて萌《も》え出てくるような気がする。

もはや二十数年も前のこと。

小学校六年生の、やはりこのころのこと。

母の出題「落葉」にこたえて、私はその場でこう綴《つづ》った。

落葉かく山家《やまが》の子らのうちつれて

拾う手先に冬ぞ宿りぬ

なかなかよくできたと褒められながら、隣でただ鉛筆の芯を嚙《か》んでばかりいた五年生の弟に、これ見よがしに威張ったものだったが、その弟が翌年の落葉とともに、ほろりと散ってしまった。

なんとはかなく、もろい人の命！

そのときから私は人間への疑惑を感じだした。木の葉はほろほろと散っても、再び巡り来る春には新しく萌え出るものを、人のみは再び帰り来ぬ悲しみに、私は、人生は所詮《しょせん》悲しきものと思わずにはいられなくされたのだ。

しかし今日、人間もまた永遠に続く生命の流れのうえに、再び出直すものと知って、落葉の静寂ないこいをしみじみと思うのである。

「そのはずや」の感銘

常日ごろ口に唱えさせていただいているみかぐらうた——ともすると、門前の小僧のような自分に、はっとするときがある。習わぬ経ならざるも、ただ茫然《ぼうぜん》とわけもなく、惰性《だせい》に乗って唱えているだけの自分に気がつくと、恐ろしく、かつ、うら寂しい気持ちに襲われる。

いつ、どんなときにも、誰にも分かるように、やさしいお言葉でお歌いくださっているのに、その一つひとつの意味合いを味わうことを忘れているのだ。それとも……あまりにやさしいお言葉なるがゆえに、一つひとつ嚙《か》み締めなくとも分かりきっているとでも言うのだろうか？　私は自分の傲慢《ごうまん》さに腹立たしくさえなる。

やさしいお言葉なるがゆえにこそ、静かに噛み締めさせていただくところに、親神の大らかな、優しい親心に触れさせていただけるのではなかろうか。

私は近ごろ、一つのお言葉に汲《く》めども尽きぬ親神の寛大にして温かい親心を、しみじみと味わえるようになってきた。こんなことを言い出すと、「なんだ、いまさら」と言われるかもしれない。しかし私にとっては、それは一つの大発見であり、同時に、大きな喜びなのである。

それは――

よろづよ八首の第二のおうたの冒頭に、

――そのはずや

と仰せ出されているお言葉なのだ。

――そのはずや
――そのはずや
別に難しい言葉ではあるまい。その意味を尋ねても、
それも当然なことである
それも無理からぬことである
言い換えることは易《やす》い。しかし、静かに第一のおうたに続いて唱えさせてもらったとき、いかにも穏やかに、
――そのはずや
と受けられた親神のお胸の中に、私は眼頭《めがしら》が熱くなってくる。
親神が人間世界をお創《はじ》めくださってから、既に子数の年限は経《た》ち、教祖《おやさま》をやしろとしてこの世に現れ給《たも》うてから三十年、ようやく明かし示されれた、たすけ一条の道としてのつとめの地歌として、御自ら歌い出され

たみかぐらうた……その「よふきてをどり」の冒頭で、

古今東西を通して、この広い世界のいずこにも、わが胸の中を知っ
てくれている者はない

と、歯がゆく、もどかしい思いを込めて仰せ出されているが、次には、

と言うてみたものの、よくよく考えてみると、何も知らないでいる
というのも、決して無理なことではなかった。なぜなら、それまで
一度だに、この胸の中を明かしてやったことはなかったではないか

と一歩退いて、自らの至らざりしを思い直されているのだ。

親の心子知らずとは、日常お互いの口の端《は》にも上るが、ともすると、人間の親はその子に対して腹を立てようとする。私は、この人間の親の気持ちに比べてみて、子供の至らなさに爪の垢《あか》ほどの腹立ちもなさらず、むしろ、親の至らなさと一歩退いて受けておられる親心を、この簡素なお言葉、

——そのはずや

のなかに感じずにはいられない。

——そのはずや

なんという温かく大らかなお心の表現であろうか！　どこに角張った響きがあろう！　どこに肌を刺す冷ややかさがあろう！

いかなるものをも温かく抱きかかえられようとする慈愛が、こんこん

と湧《わ》き出てくるのである。
後日、おさしづの中に、

親が怒って子供はどうして育つ。
（明治21年7月7日）

と仰せられていることを思い合わせてみるとき、子供可愛《かわい》い一条の親心の深さに私の胸はおののくのだ。そして、いつも言わずにはいられない。
「いいですか。このお言葉の陰では、親神様はご自分の胸の中を分かってくれない子供である人間に対して、少しも腹を立ててはおられないのですよ。むしろ、自分が行き届かなかったとおっしゃっているんですよ。この点をしっかり思案してください」

自然に親しむ

去る日、山梨教区主催の「富士山清掃ひのきしん」に参加した。甲府市からバス二台を連ね、羊腸《ようちょう》の山道を走ること約四時間、五合目に降り立ったときは、思いがけぬ冷たい突風が全身の毛孔《けあな》を驚かした。標高二千三百メートル、さすがに「寒い、寒い」という声があちこちに聞こえ、用意してきたセーターやジャケツを着込む者もあった。

最寄りの神社に参拝し、よろづよ八首を唱和した私たちの眉宇《びう》には、期せずして一手一つの決意がみなぎっていた。ちょうど日曜日だったその日は、ここが富士山の五合目かと思われるほどの人波が、バスを駆り、自家用車を飛ばして、登山道路を流れていたからだった。

私も人並みに大きな手バサミを借り、無造作に投げ捨てられた空カンや空ビン、紙屑《かみくず》等を丹念に拾いながら、百メートルも行かぬうちに汗塗《まみ》れとなり、足は棒のようになった。そのよたつく姿は全く漫画そのもので、さすがに目立ったらしく、行き違う登山者は好奇の目で振り返り、外人たちは微笑《ほほえ》みを振り掛けながら、

「ハロー、ナイスデー」

と激してもくれた。

ふと、視野が開けた。どこまで続くかと思われるほどの斜面が足もとに迫り、砂利を敷き詰めたような溶岩が、黒褐色に山肌を塗りつぶし、その間に点々と芽生えている白樺《しらかば》の実生木《みしょうぼく》が、痛々しくも生きること

の喜びを訴えているようだった。

薄い緑の葉が眼《め》にしみて、私はその場に足を止めていた。気がつくと、それまで両側に生い茂っていた白樺の木々が、一斉に頭を下に向けて伸びながら、その梢《こずえ》という梢がむしり取られたように千切《ちぎ》れている。通りすがりの山の係員に訊《き》いてみると、快く答えてくれた。

「風と雪のためですよ」

「雪もですか？」

「ええ、この辺までは三メートルから積もりますからね。ポキポキ折れるのもありますよ」

「なるほどねえー」

「おー、樹海が見えてきました」

指示されたほとんど真下、一面に浮かび上がったような大森林が、薄れゆく霧の中から眼に映ってきた。一歩踏み込んだら再び出られないといわれている魔の樹海……鬱蒼《うっそう》としたその容貌《ようぼう》は、アフリカや南米に見る大密林にも劣らないであろう。

いまだかつて精密な調査のなされていないというその中には、果たして何が蔵《おさ》められたままになっているか、およそ想像もつかぬという……人類文明の死角ともなったものか……その偉容が雲海の中から姿を現したのだった。巨大なる原始動物が突如現れ出たようなショックが、私の胸板をたたきつけた。

昼食を摂《と》ってからは、私はいささかグロッキーな存在になっていた。仕事の手伝いはおろか、邪魔立てする公算が大きくなってきた。それではもはや、漫画の役も果たせない。その苦衷《くちゅう》を洞察したように、引率者

Hがにこやかに、

「午後は休んでいてください。ハッピ姿で座ってもらってても、立派なにをいがけになりますよ」

と言ってくれた。

「なるほど、広告塔の代わりになるかな」

「ええ、さっきからみんな見返り振り返りしてますよ」

「名古屋場所も近づいたからね」

爆笑のなかに残されて、私は展望台の椅子《いす》に座っていた。

なるほど、ここへ来る人ごとに異様な眼つきで私を見守った。私は、できるだけ背を向けるようにしながら、広大なる下界を見下ろした。

激しい雲の動きが樹海を縞《しま》模様に彩っている。

秒速十二メートルと思われる烈風が、時に頭上から、時に脚下から吹きつける。

雲間洩《も》る日の光だけが夏を思わせる。

いつしか雄大な自然の懐《ふところ》の中に、しばし我《われ》を忘れていた。そして再び我を取り戻したとき、自分（人間）のいかに小さき存在であるかに気がついた。

ちょっとばかり知恵のお仕込みを頂いたからといって、人間はなんと傲慢《ごうまん》になりすましているものか、とも思われた。すべてが自分の知恵や力でためし得られると思い込み、その恵みによって生かされている自然の営みにさえ、挑み掛かろうとしている。人間の不幸は、この誤謬《ごびゅう》から生まれるに違いない……。

——自然の営み！

思えば、お互いは、この営みのなかに生かされている人間である。どこを眺めてもその営みに直面しているのに、その有難《ありがた》さに麻痺《まひ》してきたのではあるまいか。その営みは、実に、お互いの身の内にも満ち溢《あふ》れているはずである。

私は清々《すがすが》しい気持ちで帰りのバスに揺られていた。

涙の試験場

その日、出発は午後六時ということだったが、昼からの急用で、取りあえず同行のK氏に先に発《た》ってもらい、私はようやくのことで八時二十五分の電車に乗った。

がらんとした座席に脚《あし》を投げ出し、昼からの疲労でうとうとしながらも、電車が平端《ひらはた》に着いたことは、はっきり意識した。

と、眼《め》の前に、まるで犬か猫でも飛び込んできたように気忙《きぜわ》しく現れた一人の老婆の、ハッピの左胸に付けられた白布の名票と、その上縁に引かれた一本の赤線に気づいたとき、私は思わず、投げ出していた脚を床の上に落とした。

明らかに老婆は講習生。それもなお受講中の身で、よほどのことでない限り、他出など許さるべくもなく、といって大阪方面から通学している者とも見えなかった。

素早く胸の名票を読むと、果たして九州にある某大教会の所属だし、さらに気がついてみると、右手には一片の紙片が握りしめられていた。しかも、何者かを探すように、または何かにひどく戸惑っているように、数少ない乗客の一人ひとりを見回したが、突然大きな声を出した。

「どなたか、大阪まで行きんさる人はなかでしょか？」

私はもはや、じいっとしていられなかった。

なぜなら、こういう私自身が、つい昨日までは講師の一人として務めてきたからで、名票の赤線は、私には切っても切れないものだったからである。何か急いで家へ帰らねばならない事情が突発したに違いない――私はこう思い、老婆を呼んで自分の隣にかけさせると、静かに訊《き》いてみた。

「あんたは講習生だね。今ごろどうして大阪へ行くのかね?」

「いえ、九州まで帰りますとです」

「ほう九州に――何か急用でもできたの」

「はい……」

老婆は急に声を落とし、右手の紙片をそっと眼に当てた。語るに先立つ涙が、車内燈の光を受けて光った。

「次男が出直したちゅうて、今さき電報の参りましたけん……」

「ほう、そりゃお気の毒なことだったなあ」

「長男が戦死しちょりますけん、次男だきゃあ置いてもらいたかったばってん……」

「そうだったのか、それで急いでるわけだね。いいよ、私が大阪駅まで一緒に行ってあげるから――」

「はい、有難《ありがと》うございます」

老婆は初めて安心したとみえ、ようやく口もとを綻《ほころ》ばし、気がついたように右手の紙片を私の眼の前に差し出した。涙の跡に汚れた紙面には、ただ、

――午後十時三十分大阪発　急行霧島《きりしま》
と書いてあるばかり。

――なんということだ！

私は暗然としてしまった。

大阪駅へ出ることさえ分からぬこの老婆に、この一片の紙片を握らせ

たまま、ただ独り帰途に就《つ》かしたとするなら、なんという無情な措置であろうか！

暗然と沈んだ私の心は、次には激しい義憤に燃えさかった。そして、よくぞ乗り合わせてくださったたと、二時間余りも遅れたこと自体が無上に有難かった。

事実、西大寺《さいだいじ》、鶴橋《つるはし》二回の乗り換えは、この老婆にとっては煩《わずら》わしいことであり、おろおろしながら、行き過ぎの人に尋ね尋ねしていたのでは、間に合わなかったに違いない。

それから二週間の後。

修養科の特別教室に設けられた検定試験場では、三週間の講習を修了した六百の人々が、最後の力を絞って受験に余念がなかった。

「おふでさき」の問題用紙と答案用紙とを配り終え、ひと通り問題を読んで聴かせた私は、受験票に捺印《なついん》するために、袂《たもと》から印鑑を取り出した。

そのときだった。

一人の老婆が走ってきたかと思うと、私の足もとにわっと泣き崩れてしまった。とっさの出来事に、私は何事かと思い、室中の受験者たちも、執り上げたペンを置いて、一斉に視線を浴びせてきた。

思いがけぬ邪魔が入って、大切な試験に支障をきたすことを恐れた私だったが、面《おもて》を上げた老婆に、思わず、

「おう、あんたはSさんじゃないか。帰ってきてたのか」

と口走ってしまった。そして、なおも泣き続ける老婆を抱き起こし、その席へ連れ戻し、

「さ、しっかり書きなさい。書けるだけでいいから書きなさい」

となだめたが、私はそう言いつつ、涙に濡《ぬ》れている自分自身に気がついた。

嬉《うれ》しかったのである。ほのぼのとした喜びが、私の胸に満ち溢《あふ》れたのである。堪《た》え難い悲しみを踏み越えて、再び講習会へ帰ってきたSさんの真実が、私の肺腑《はいふ》をついたのである。

ぽたぽたと涙が落ちた。怪訝《けげん》な面を上げる受験者たちの前を、私はなんの恥じらいも感じなかった。

私の瞼《まぶた》には、あの晩、ようやく乗り込んだ急行霧島の三等車の一隅で、幸い座席にもありついたSさんが、窓ガラス越しに泣きながら、プラットフォームの私に合掌していた姿が映し出され、そして、あのときほど快く聴いたことのない汽笛と車両の響きが、私の耳朶《じだ》に新しく蘇《よみがえ》ったのだった。

誰かが「涙の試験場」と冷やかしていた。

確かに、それに違いなかった。

私はいまなお、その「涙の試験場」を思い出すと、一陣の爽涼《そうりょう》の気が一切の人間的煩わしさを拭《ぬぐ》い去ってくれるのを感じるのである。言い換えれば、すっとするのである。それは、真実のみに与えられる天の微風と言えるかもしれない。

III

息一すじ

息一すじ——放送教話

「おはようございます。今朝《けさ》もご機嫌よくお眼覚《めざ》めのことと、お慶《よろこ》び申し上げます」

こう申し上げますと、いかにも殊《こと》さららしく響くかも分かりません。誰でも朝眼が覚めることは当然なことで、もし眼が覚めないようでしたら、大変なことになっているわけであります。といって、誰が夜寝たら朝は必ず眼が覚めると断言できるでしょうか。一晩のうちにどんなことが起き、どんなことになるか。人間の知恵や力では、とうてい測り知れないことだからであります。それですのに、誰もそんなことを気にする人はありません。気にしなくとも、毎朝眼は覚めているのです。

これを静かに考えてみますと、そこには何かしらたゆみない営み、人間の感覚には触れてこない力と言いますか、働きというようなものが、続けられているようには思われないでしょうか？

「そりゃ、自然の働きだ」

恐らく誰でもこう思われるでしょう。確かに自然の働きに違いありません。……風が吹く、雨が降る、木々の芽が出る、花が咲く、実がなる……もっと大きくは、天体が一糸乱れず運行している、そこには自然界を秩序正しく支配している働きがあると言えるのであります。

これと同じような働きが、やはり人間の肉体にも満ちていて、そのおかげで、毎朝眼が覚めると言えるのではないでしょうか。

皆様も、昨夜おやすみになってから今朝眼を覚まされるまでの間は、それこそ何もご存じなかったと思います。人間がぐっすりと眠っている間は、意思の働きも、感情の働きもなく、ちょうど死んだようなものかもしれません。息をしなければ死んでしまうと考え続けていたわけでもありますすまい。それでも肺臓は、たゆみなく呼吸作用を続けていたのであります。

現にいま、こうしてお話をしている私の肺臓は、別に私に催促されるまでもなく活動しております。なるほど、肺臓という器官は、それ自体が呼吸作用をするためのものですから、一向に不思議なことではないのですが、一分間に百回になったり、五十回になったりすることなく、常に十七、八回という正しい秩序を保っています。その働きこそ、人間の肉体を支配し、生命を守るものなのであります。この働きを、私どもは、親神様の「身の内の守護」と教えられており、そのおかげで日々生かされているのだと信じているのであります。

　こう考えてみますと、朝眼が覚めることのなかに、たゆみない親神様の恵みを感じることができ、今日も生かされているという喜びが、見いだされてくるでありましょう。私どもの先輩は、朝の光が差し込んでいる窓を眺め、今朝も障子の桟《さん》が見えるといって喜び、その喜びを、一日の働きの原動力とされたと聞いています。

　私もかつて、子供が急性腸炎で、わずか三日にして、この上は天命を待つよりほかはないと言われたことがあります。親として私がどれほど狼狽《ろうばい》しましたか、子供をお持ちの方々にはよくお分かりいただくことと思います。三日の間、夜も眠らず枕辺に付き添っていた私も、ついに四日目の暁《あかつき》近く、不覚にも、うとうととしてしまいました。肉親の者が息を引き取るときは、たまらなく眠くなるそうですが、ふとそれに気づいた私は、思わず子供の顔をのぞき込みました。高熱のため、昏睡《こんすい》状態が続いていたのですが、小さな鼻孔がかすかに動いて、細々ながらも一すじの息の糸は、なお切れずにつながっていたのです。

――息がある！

私は思わず心の中で叫びました。息のあることの有難《ありがた》さ！

――これならたすけていただける。

私は初めて夢から醒《さ》めたように、心を改めて、親神様に念じたのでります。

その私の頭の中にさっと、一つのお言葉がひらめきました。お言葉というのは、

蝶《ちょう》や花と言うも息一筋が蝶や花である。（明治27年3月18日）

というものです。

やはり子供の重体に慌てた親が、おたすけいただきたいと教祖《おやさま》におすがりしたのでありましょう。まことに簡単なお言葉ではありますが、人間の生命の何であるかを極められていると言うべきであります。

私は何度となく、このお言葉を繰り返し味わいつつ、本当にそうだと思い当たりました。確かに、子供は眼の中に入れても痛くないというのが親の愛情。蝶よ花よと可愛《かわい》がる親心は、誰しも同じでありましょう。けれども一度、その息の根が切れましたら、どれほど可愛い子供でも、冷たい亡骸《なきがら》となってしまうのです。このことを思いますと、息をさせていただいていることが、どれほど有難いことかに気がつかずにはいられません。

日ごろは、とんと顧みられもしない息の有難さ、つまり、親神様のたゆみないお働きの有難さに、あらためて気がつかずにはいられません。

事実、私どもは、有難いことに馴《な》れてきますと、その有難さを感じなくなります。ちょうど、太陽の熱や空気が、生きるためには無くてはならないものでありながら、いつ、どこでもふんだんに与えられるために、その有難さが分からないように、親神様のお働きも、いつ、どこでもふんだんに頂いているために、その有難さに麻痺《まひ》してしまい、ついなんのかのと自分の都合や、利害を先に立てて、物事に対し、不足や不満を抱くようになりがちなのが、私どもの常ではないでしょうか。

私どもはともすると、眼先の小さな栄枯盛衰《えいこせいすい》の姿に目がくらんだり、限りある物質だけに幸福を求めやすいのでありますが、真の幸福は、どんな場合でも乱されぬ、動かされぬ心の安らぎにあると思います。

まこと、人生の旅路は長く、照る日も曇る日もあります。しかし、照っても結構、降っても結構――得意平然、失意泰然とした境地こそ、私どもの望ましいものではないでしょうか。その根底こそ、今日一日を生かされている喜びを、心に治めることであると思います。それは取りも直さず、一すじの息の有難さ、尊さを自覚することだと信じます。

オールブラックス　羊歯葉《しだ》の薫

——一手一つに徹するラグビー

ラグビーシーズンの掉尾《ちょうび》を飾って、世界最強チームと自他共に許すニュージーランドのオールブラックスが、はるばる南半球から日本へやって来た。

ラグビーファンにとっては、まさに二十年ぶりの感激である。果たせる哉《かな》「諸君のベストコンディションでラグビープレーの真価を発揮されんことを希《こいねご》う」た主催者の意向に応えて、その底知れぬ力量と燃ゆる闘志と、一糸乱れざるチームワークを見せながら、五戦五勝の快記録でスケジュールの半ばを過ごしている。

恐らく残る四戦も、彼らはラグビープレーのモデル展を示しながら、日本遠征の目的を完遂するに違いない。世界最高のプレー、温厚なマナーを通し、高いスポーツマンシップをもって、日本とニュージーランドは数千哩《マイル》を隔ててはいても、互いに太平洋諸国の一員として、善隣であることを二十年ぶりに復習しながら。

筆者も去る九日、花園ラグビー場における第五戦（対全日本）を観《み》、終始真剣な態度を失わず、勝者の傲慢《ごうまん》さも見せず、ラグビープレーの教訓「オールウェイズ・オン・ザ・ボール」の真価を見せていたことに深く感銘した。そして、

「このたびの遠征が、ひとりグラウンドにおいて大なる成功をおさめるのみならず、広く両国の優秀な青年の間に、理解と友好を深めることに

大いに寄与すべきことを確信する」

と声明したリード公使を支持せずにはいなかった。

確かに筆者は彼らの姿の中に、素晴らしい国民外交の成果を見いだしたと言っても過言ではない。二十年前来日したブラックスが学生選抜軍であったのに、今回のメンバーは、学生、教員、農業、建築家、証券業、修理業、製図業等々、まさに国民選抜軍としての面目躍如たるものがあるからである。


衆知の通り、ラグビーは団体競技である。チームを構成する十五名はそれぞれ自分の役割を与えられ、十五名にして十五名ならず、一名であることに効力せねばならぬ。言うならば「一手一つ」の実において、その最高の能力を示すものと言える。すなわち、ただ一個のボールの動きの中心として、十五名はそれぞれの任務を果たしつつ、さらに他を生かしめるのである。

そこには決して独善や抜けがけの功名は許されない。具体的に言えば、トライゲッターになることより、トライへのチャンスメーカーたることが貴いのである。俗に言うなら縁の下の力持ちになることなのである。

この精神に徹し、お互いを支え合いながら、全体の調和を維持するところに、自らスムースな動きが与えられていくのだ。

かつて筆者がラグビーを学び、スタンドオフの位置に立ったとき、これを覚えろと示されたのは“Put your T.B. on their movements!”という英文だった。なるほど、味方ＴＢ（スリークオーターバック）を活躍せしめるためには、できる限り早くボールを回さねばならない。自分一人で楽しむことなど、絶対に許されなかったのだった。

事実、ゲームはボールの動きにつれて展開されてゆく。ボールが生きている間は寸秒の油断も許されず、誰一人として手を抜き力を抜いてはいられない。

言うなれば、「遊ぶ手はいらぬ」世界である。誰かが遊べば直ちに、そこがウイークポイントにされ、そこから崩壊するのが常である。

この点ブラックスは少しの無理もなく（体力、走力に優れていたにせよ）右に左にボールを生かしていたことは、個々のプレーを称賛することよりもむしろ、日ごろより訓練された前後左右のつながり――高い「和」の精神をこそ学び取らねばなるまい。

確かにスポーツに国境はない。世界の人心を和やかに結び合う最強の道は、スポーツによる交歓にあると言っていい。終戦後の日本で、いち早く世界性を取り戻したものがスポーツであったことも、むしろ当然であった。殊にラグビーは、その家元イギリスでは国技として扱われ、「ラグビー人は紳士なり」の格言さえ生じている。

これからの四戦を戦う日本のラガーはもちろん、ラグビーファンをもって自負する者は、この格言が日本で行われている所以《ゆえん》を、そのプレーに、その声援を通して示さねばなるまい。なぜなら、「いまや、すべてのニュージーランド国民は、ラジオを通して、南極におけるエドモンド・ヒラリー卿の探検隊員とともに、日本におけるラグビー試合の放送を熱心に聴いている」からである。

最後に筆者は、日本国民の一員として、同時に伝統に輝く天理ラガーの一員として、オールブラックス各位に満腔《まんこう》の敬意と感謝の意を表し、かつ、来年彼らが試みる第五回英本土遠征と、再来年迎える南アフリカ、スプリングボックスとの世界選手権争奪戦に、光輝ある羊歯《しだ》の葉を高く掲げるように祈ってやまない次第である。

※ラグビー・ニュージーランド代表チームのエンブレムは羊歯（シルバーファーン）の葉をモチーフにしている。

宗教と戦争と——映画『ヨーク軍曹』より

ゲイリー・クーパー主演の兵隊物語とくれば、クーパーファンなら誰でも飛びつくだろう。

いかにも気の利いたユーモアと、牧歌的な愛情と、そして戦争のスリルと……これに加えてクーパーの好演技で、確かに終始飽《あ》くことを知らない映画の一つである。

しかし、この映画の持ち、かつ示す大いなる感銘は、主人公「ヨーク軍曹」の人格、思想、行動を通して見せられたアメリカ人——キリスト教とデモクラシーの信者の、戦争という人類最大の罪悪に対する苦悩の深さと、その率直なる解決にある。端的に言い換えれば、この映画が力強く表明している「アメリカはなぜ戦うか」という問題への正面切っての回答である。

テネシー州山間の寒村に生まれた青年アルビン・ヨークは、酒飲みで喧嘩《けんか》好きの無頼漢であったが、落雷の衝撃に遭《あ》って初めて神の存在を知り、熱心なキリスト教信者になった。

時たまたま、第一次世界大戦が勃発《ぼっぱつ》し、国民の義務は彼をも軍隊に入隊せしめたが、彼は「汝《なんじ》ら殺すことなかれ」「剣によって立つものは剣によって滅ぶべし」というキリストの教えに立ち、自らはあくまでも宗教的絶対平和主義を堅持しようと努力した。しかしそれは、国民としての義務に不忠実となり、「人民のための政治」に反逆するものとされた。

彼は深刻な苦悩を抱きながらも、フランス戦線に出動、アルゴンヌの激戦に参加した。そしてそのとき、味方の兵士たちがドイツ軍の側射機関銃によって将棋倒しにされる惨状を目撃し、決然と自分自身に言い聞かせたのである。

「より以上の殺人を防止するためには、少数の犠牲は許されねばならない」

彼はそこに「汝ら殺すことなかれ」というキリストの教えが、大乗的立場において実現される、そこに宗教的人道的正義が存在すると信じ得たのである。

すなわち、戦争を防止するために最も有効な方法は、武器を取って戦うことであると信じたのであり、ここにアメリカが敢《あ》えて戦争を断行することの具体的精神的根拠があるのである。

――宗教は果たして戦争を許容するか？

この問題は、今日においてもなお切実である。

それはもはや許容するや否やの問題ではなく、不幸にして勃発した戦争状態に対して、いかに処するかと言うべきである。しかも、その回答は明白であり、また明白なるがゆえに、その実現にこそ挙げて協力すべきであろう。彼「ヨーク軍曹」の決意に俟《ま》つまでもなく、それは一日も早く終止符を打たれねばならないのだ。ただこの意味、このためにのみ、神々は大慈愛をもって、兄弟喧嘩にも等しい人間同士の「たたかい」を見守られるに違いない。

いや、われわれは親神の教えを信じ、これに生くる者として、人間同士の「たたかい」を終止せしむべく、「いちれつきょうだい」の真理を全人類に告げ、「互い立て合いたすけ合い」の生き方に、共に進ましむべく努めねばならない。ここにわれわれの今日の、そして明日の洋々たる途《みち》がある。

歓喜の教祖殿より——教祖五十年祭第一回祭典ルポ

※本稿は、昭和11年1月26日に行われた教祖五十年祭第一回祭典のルポルタージュ。これに先立つ昭和9年、「昭和ふしん」が完了。真新しい神殿、教祖殿で教祖五十年祭を迎えた喜びを生き生きとつづっている。

前日の強雨に濡《ぬ》らされた憂愁《ゆうしゅう》の心にとって、正月二十六日暁《あかつき》のぢばの空は、仰ぐ眼《め》にも嬉《うれ》しく五彩《ごさい》に晴れていた。誰しもが気遣っていたであろう空模様が、こうも一変して快い晴天を頂こうとは、中庭を埋め尽くした教信徒は、起きいでたときより既に教祖《おやさま》のご守護を感じ、今日のよき日をして一層よき日たらしめていたであろう。

七時――。朝づとめの力強い拍子木と、お屋敷いっぱいに展《ひろ》げられた教信徒の和唱……この五カ年の間ひたむきに突進し、奮闘した熱い涙が、この潮《うしお》のごときどよめきの中から溢《あふ》れ出し、存命の教祖のお喜びが、感涙に濡れた眼に見え、耳に聞こえてくる。思えば今日一日の五カ年であり、今日一日の働きであったのだ。

七時三十分――。御用場、合殿《あいでん》は、文字通り殺到した教信徒の潮流を一時にせき止めた。折り重なって座り込んだ人々の顔、顔、顔が、あたかも神苑に並んだ献燈《けんとう》のごとくに見え、祈願する言葉には種々の訛《なま》りが聴き取られた。要所要所に立った場内整理係の人々も、いまはぬかるみへ陥《おちい》った者のごとくに手足を取られ、ただ眼と口とを動かすよりほかはなかった。

八時――。そろそろ集まるであろう昇殿者のために、追い立ててでも信徒に出てもらわねばならなくなった整理係の面《おもて》が、憂鬱《ゆううつ》らしく暗くなった。せっかく遠方から帰参した多数の信者のために、特に昇殿者の集合時間が一時間延刻されたという話であったけれども、その主旨が徹底されなかったのか、それとも待ちきれなくなってか、教服に白足袋《たび》の制服の昇殿者の群衆が、右往左往《うおうさおう》する教信徒に交じって動きだしてきた。

せき立てられて出ていく信徒たちの後ろ姿と、先を争って雪崩《なだ》れくる昇殿者の群と、その間を縫う整理係の動きと……御用場、合殿はあたかも蜂の巣をつついたごとくに騒然と沸《わ》き立った。信徒を出したら一掃《は》きしようという整理係の計画も、ついに箒《ほうき》を手にしながら茫然《ぼうぜん》と、雪崩れのような昇殿者の潮流に巻き込まれ、押し流されてしまう始末であった。

九時三十分――。ようやく昇殿者の整理が済んで、それぞれ所定の位置についたが、御用場の東西両側面になお多少の余地が発見された。これは、ここ二、三日の雪害のために昇殿者のうち多数の不参者ができたためであるということが分かると、急に両側面の余地をこのまま遊ばせておくことはもったいない気がした。思いは誰も同じであったろう――やがて、どやどやと昇殿した信徒の一群が、思い寄らぬ歓喜に面を紅《あか》くして、この両側面の余地を瞬《また》く間に埋め尽くした。殊に、この特別の取り計らいが、真柱《しんばしら》様の温かき親心よりなされたことを知るに至っては、幸いにして昇殿した者も、またせざる者も、感激措《お》く能《あた》わざるものがあったに違いない。

なおまた、御用場側面の昇殿者のために、祭典係の心尽くしによって、御用場北側および合殿の障子が取り外されていった。


十一時――。所定の位置にきちんと座ったまま、二時間余りを待ちに待った昇殿者たちは、ようやく全身の緊張を取り戻した。御用場に据えられた拡声器を通じて、小野教正のアナウンスが流れてくる。

「ただいま十一時であります。これより真柱様はじめ、つとめ人衆の方々は、本部詰所より教祖殿ならびに祖霊殿へ参拝いたされます」

ざわめいている御用場も合殿も、水を打ったような静けさに立ち直り、整理係の襷《たすき》姿が右に左に飛んだ。

十一時五分――。緊張した人々の心を踏みしめるごとく、深谷祭典係の先導をもって、真柱様はじめ、つとめ人衆の方々の足音が、静かに強く合殿を中段の間に進んでいく。

存命の教祖の御前《おんまえ》に進まれて、これより祭典執行の旨《むね》を告げらるる真柱様の拍手《かしわで》につれて、御用場も合殿も嵐のような拍手の氾濫《はんらん》だ。最前列に座った老婆が、既に堪えられなくなった感激を、その両眼から溢れしめている。

十一時十五分――。マイクを通じて、いよいよ祭典開始の旨が報ぜられる。真柱様の祭文奏上に引き続いて、本日より本然の姿に立ち返ったかんろだいづとめが、厳粛なる鳴物に乗って勤められてゆく。思えば九十九年の昔、神のやしろとなられた教祖によって、初めて説き教えられた人間はじめ世界の始まりと、そこに顕現《けんげん》された月日親神様の広大なる親心とを、傾聴《けいちょう》する昇殿者たちは、いまさらのように強く胸に銘じたことに違いない。しかも、それゆえに五十年の間、子供の成人をわが身一人に引き受けて、あらゆる艱難《かんなん》苦労の道すがらをお通りくだされた教祖のご厚恩を、いまさらながら有難《ありがた》くももったいなく思い合ったことであろう。

十二時十分――。かんろだいづとめが終了した。小野教正のアナウンスが、御用場、合殿の歓喜をその絶頂へ躍らしめた。

「ただいま、かんろだいづとめが終了されました。これより真柱様には、教祖へご昼飯《ちゅうはん》のお給仕のために、教祖殿へ参殿いたされます」

十二時二十分――。深谷祭典係の先導をもって真柱様、御母堂様、奥様をはじめ、山澤、松村、板倉三元老、その他の本部員および同夫人等十数名の方々は、合殿より中段の間へ、真柱様はさらに上段へ進まれて、教祖の正面に端座された。折から教祖へ奉仕の婦人によって献ぜらるる茶菓、御酒《さかみき》、ご昼飯を、真柱様は自ら親しくお給仕され、粛として声なき小一時間もの間、マイクを通じて流れる神殿のみかぐらうたの和唱が、いやがうえにも、このめでたく有難きご奉仕をお勇め申し上げている。

思えば、五十年前の今日のいましがた、教祖には、こうしてみかぐらうたの和唱を、そのお床の中で静かにお聴きになっていたに違いない。それにしても五十年後の今日、存命の教祖は、同じようにみかぐらうたの和唱をお聴きくだされつつ、真柱様のお給仕を受けられてご昼飯を召し上がっていられるのだ！　しかも国々所々で名称の理を頂いた、大勢の道の子供らを側近《そば》く呼び集められて……。

五十年、ひと口に五十年とは言うものの、この有難い光景を誰が涙なくして拝めようか！　今日は誰一人として、教祖のお心をお痛め申し、または、あれほど急《せ》き込まれたおつとめを邪魔立てしようとする者も、探してもない結構な道の栄えであったのだ！

咳《せき》一つ聞こえない小一時間の間に、昇殿者たちは涙に泌《にじ》んだ両眼を見張りながら、真柱様のお給仕にご機嫌よくご昼飯を召し上がっておられる存命の教祖を、確かにはっきりと拝ましていただいたのであった。

一時十分――。お給仕を終えられた真柱様はじめ、一同の方々が再び神殿へお帰りになった後の御用場、合殿は、千載一遇《せんざいいちぐう》の喜びを頂いた昇殿者たちの晴れやかな面に輝いて、あたかも五月《さつき》の海面のように明朗だ。

いよいよ勇み立って流れるみかぐらうたが、次には御用場、合殿の隅々から一斉に唱え出されて、五十年祭の歓喜は、ここに澎湃《ほうはい》たる潮を思わしむるに至った。

一時三十分――。おつとめが終了して、真柱様のお声がマイクを通じて流れてきた。懇々とお説きくださる正月二十六日の意義と、教祖年祭における道と世界の合図立て合い……。その熱涙下《ねつるいくだ》るご教話の一言も聞き洩《も》らすまいとする昇殿者たち……。かくて二時、マイクを通じる真柱様のお指図に従い、一同、教祖に拝をなし、黙禱《もくとう》をお捧《ささ》げ申し上げた。

すなわち五十年前の今日のこのとき、人間を恐れることをやめ、神意を体して行われたおつとめの終了を、いと満足に聞《き》こし召されて、教祖は二十五年の命を縮めてお姿をかくされたのであった。

二時三十分――。真柱様の熱意溢れたお話を耳にし、意義深き正月二十六日に現れた神意を伺い得て、昇殿者一同、否、帰参者一同は、いかに今日のよき日をお礼申し上げたであろうか！　かくして教祖五十年祭第一回祭典は、集い来《きた》った教師、教信徒の感激に包まれて、無事終了したのであった。

登殿者のざわめきが静まり、ようやく退場したかと思えば、その次には、それまで足止めを食っていた教信徒の大群が、あたかも堤防を決壊した河水の勢いをもって御用場、合殿に氾濫した。

あとがき

このたび天理教道友社の肝煎《きもい》りで、父・橋本武が比較的若いころ、『みちのとも』や『天理時報』に寄せた数々の文章のなかから信仰的なエッセーをまとめて、『出直しの教え――死の救い』と題する文庫本を、時恰《あたか》も父の五十年祭という節目に合わせて、刊行してくださることになりました。本当に有難《ありがた》く、もったいないことであると言わねばなりません。実は、これまで何度か父の年祭をつとめてきたなか、その都度、何か『思い出集』のごときものの刊行を希《こいねが》いながら、なかなか実現し得ないまま、とうとう五十年祭を迎えることになったからです。

五十年、半世紀という歳月は、世の中の有様を大きく変容させましたが、この間にはまた、父がご厚誼《こうぎ》に与《あずか》った諸先生をはじめ父を知る多くの方々もお亡くなりになりました。したがって、父に関する情報収集の源泉が失われてしまったいま、いかに貧相なものであれ、せめて内々の記憶に残る姿や人となりを次世代に伝えるべく、急遽《きゅうきょ》『父・武　残像』なる小冊子を編纂《へんさん》する過程で、これに協力してくださった道友社の発案によって、まさに「瓢箪《ひょうたん》から駒」のごとくに生まれたのが本書であります。

五十年前、昭和四十六年（一九七一年）、世界は未《いま》だ東西冷戦の最中《さなか》にありましたが、やがて世紀末には、S・ハンチントンの予測通り、これが終息し、まさに二十一世紀の幕開けと同時に『文明の衝突』が現実化しました。すなわち、まずイスラム文明と衝突した西欧世界は、次には米中の対立に見るように、中華文明と衝突しつつあります。加えて、世界は目下のところ、人類と自然世界との衝突ともいうべき新型コロナウイルス感染症のパンデミックに襲われ、これに対処する大同団結とは逆方向の分断化の道に陥《おちい》っています。これは丁度《ちょうど》、スペイン風邪が猛威をふるっていた百年前に後戻りした感がありますが、奇《く》しくも百年前は橋本の家の入信とも重なっております。

信仰の初代橋本キヨは、大正九年に夫の虎六《ころく》をスペイン風邪で亡くした後、同十二年、身上おたすけを頂いて入信。僅《わず》か二年後の同十四年には三十七歳という若さで出直しますが、折しも同年開校の天理外国語学校に、たまたま旧制中学四年修了という専門学校受験資格を有していた長男の武を入学させることによって、その信仰を次代につなげました。

父を亡くした武は、その後入院生活が長かった母と離れて東京高師附中に、その教官宅から通学しておりましたので、お道のことは何も分からないまま、只々《ただただ》たった一人になった肉親の母を安心させ、喜ばせるために天理外国語学校に入学。出直しの教理を聞かされることにより、親兄弟を相次いで失った死の懊悩《おうのう》から救われ、それが武の信仰の元一日となりました。

私たち子供の世代が記憶している父は、どうしても晩年の「呑気《のんき》な父さん」風のイメージが鮮明で、自分たちが未だ幼かったときの父の姿はぼんやりしています。したがって、父が親兄弟を亡くした少年期から、早くも死の懊悩を抱えていたことなど知る由《よし》もありませんでした。そこで一つには、既述のごとく貧弱な『思い出集』を補うために、また一つには若き日の父の実像をその手記資料からでも探るために、『みちのとも』や『天理時報』等の古い記事を探索するに際して、道友社編集出版課の方々が大いに手助けしてくださったばかりでなく、さらにそれぞれの文献に目を通して取捨選択し、一冊の本として提案してくださいました。

信仰を継承するうえで、系譜的には二代であっても、実質的には初代であった父の、若き日の信仰随筆集ともいうべき本書の内容が、通信媒体が多様化し活字離れが進む今日、果たして公刊に値するかどうかが危《き》惧《ぐ》されるところでしたが、いわば本づくりのベテランが企画し、道友社編集出版課の承認のもとで刊行されるということなので、お任せした次第であります。なお、『出直しの教え――死の救い』こそ、父がこの道を通ることになった最大の「節」、人生の転換点になったのであり、それゆえに本書のタイトルに掲げられたと思われます。

ところで、私たちが抱いている、先述の「呑気な父さん」風のイメージは、本書のタイトルに全くそぐわない憾《うら》みがありますが、これをよく物語るエピソードがありますので、蛇足ながら付け加えておきたいと思います。

食糧事情が逼迫《ひっぱく》していた戦中戦後の一時期を除いて、父は普通サイズの衣服では間に合わない巨漢となりました。その「のっそり」したイメージが、当時たまたま世間で評判になった獅子《しし》文六《ぶんろく》の新聞小説『自由学校』の主人公五百助《いおすけ》に通じるところがあったらしく、その映画化に際して五百助役の公募があったとき、冗談交じりであったにせよ、これに応募するよう周囲から勧められたという話です。

この『自由学校』が新聞に連載されたのは、昭和二十五年、戦後日本人が手にした「自由」にまつわる様々な社会現象を風刺し、数々の流行語を生み出した作品で、翌年には松竹と大映が競って映画化、大映が公募した五百助役を、松竹では佐分利信《さぶりしん》が演じました。今や知る人も少なくなった五百助とはいかなる人物であったのか。小説では、顔貌《かおかたち》も体格も立派な中年男が自分勝手に窮屈な会社勤めを辞め、怒った奥さんの「出て行け」というひと言で、あっさりと安住の家を飛び出し、自由を求めてさ迷い歩く、ぐうたらだが磊落《らいらく》で屈託がない、世知辛い世の中においては、多くの人から羨《うらや》まれ愛される人物として描かれておりました。

果たして、父が五百助と全く同じであったかどうかは別として、当時、父を知る方々から似ていると思われたのも事実で、それはあまり物事に頓着《とんちゃく》しない屈託のなさが、強いイメージとして作用したのではないかと思われます。ちなみに、唯一、父と同世代人の手記として残されている橋本兼正《かねまさ》先生の追悼文（『天理時報』昭和四十六年五月九日号）のなかでは、「娑婆《しゃば》っ気のなさ」というひと言で父の人となりが表現されています。当時、愛知大教会長と「憩の家」世話部副部長を兼務されていた先生は、同じ橋本姓でも縁戚関係はなく、教祖《おやさま》七十年祭前後、教会本部にをいがけ委員会委員として、演劇や放送等の文化活動を通しての布教伝道に尽力されるなかで、同じ委員であった父との接触も深まったと思われます。

言うまでもなく、「娑婆っ気のなさ」にしろ、物事に頓着しない「屈託のなさ」にしろ、人を評する表現には正負両面があり、裏を返せば「世捨て人」になったり、「優柔不断」とみなされたりするでしょう。それでもなお多くの方々から好ましく思われ愛されたのは、「ローレルとハーデイ」、「アボットとコステロ」コンビの太っちょのように、周囲を和ませるその「上がらぬ風采《ふうさい》」によるところが大きかったのではないかと思われます。今や父の年齢を遙《はる》かに超えてしまったにもかかわらず、なお、父には敵《かな》わないなと思ったり、弱点は多々あるにせよ、何処《どこ》かしら誇れる父であったなと感じたりしています。

最後になりましたが、本書の公刊に際し、松村義司道友社長、松本泰歳編集出版課長、諸井道隆課長補佐、北村譲英課員諸氏からたまわった御厚情に対して、心より厚く御礼申し上げます。

令和三年二月

橋本武人

初出一覧

Ⅰ　しんじつ神のてびき

死の救い　『陽気』　昭和29年4月号
しんじつ神のてびき　『みちのとも』　昭和29年3月号
ぢばを踏む　『みちのとも』　昭和8年7月号
色眼鏡　『みちのとも』　昭和8年10月号
元一日の心　『みちのとも』　昭和8年10月号

Ⅱ　心澄まして

重大なる訂正　『みちのとも』　昭和8年8月号
生活と信仰　『天理時報』　昭和30年1月30日号

心澄まして　『みちのとも』昭和38年3月号

不精ひげ　『天理時報』昭和26年11月11日号

片言の縁　『天理時報』昭和28年9月6日号

永遠の生命　『みちのとも』昭和26年10月号

「そのはずや」の感銘　『天理時報』昭和32年4月7日号

自然に親しむ　『天理時報』昭和41年7月24日号

涙の試験場　『天理時報』昭和29年8月22日号

III　息一すじ

息一すじ　『みちのとも』昭和28年5月号

オールブラックス　羊歯葉の薫　『天理時報』昭和33年3月16日号

宗教と戦争と　『天理時報』昭和25年10月22日号

歓喜の教祖殿より　『みちのとも』昭和11年3月号

橋本　武（はしもと・たけし）
明治40年（1907年）生まれ。大正12年（1923年）、母の身上をご守護いただきお道を知る。14年、創設された天理外国語学校へ第１期生として入学。華南伝道庁長、宣教部海外課長、亜細亜文化研究所（後のおやさと研究所）主任、道友社長、にをいがけ委員会広報放送係主任など歴任。昭和30年（1955年）、本部准員。37年、斐山《ひざん》分教会長。46年、65歳で出直し。
主な著書に『ひながたの陰に』『ふしから芽が出る』『おさしづを拝す』など。

DOYUSHA BUNKO
DB 道友社文庫
出直《でなお》しの教《おし》え――死《し》の救《すく》い

立教184年（2021年）3月26日　初版第１刷発行

著　者　橋　本　武

発行所　天理教道友社
〒632-8686　奈良県天理市三島町1番地1
電話　0743（62）5388
振替　00900-7-10367
TENRIKYO DOYUSHA

印刷所　大日本印刷㈱

ISBN978-4-8073-0640-4
定価はカバーに表示